Bibliografische Information der Deutschen Bibliothek
Die Deutsche Bibliothek verzeichnet diese Publikation in der Deutschen Nationalbibliografie; detaillierte bibliografische Daten sind im Internet über <http://dnb.ddb.de> abrufbar.

Druck und Bindung: Himmer, Augsburg
1. Auflage November 2011

ISBN 978-3-8375-0700-3

Idee: Fabian Klaus

www.klartext-verlag.de

Es gibt viele bewegende Augenblicke und bewegende Bilder auf der Papstreise in das Herzland des Protestantismus und ins Eichsfeld, wo die Katholiken in der DDR ihre feste Burg nicht schleifen ließen. Dies Buch erinnert daran, vor allem durch die faszinierenden Bilder exzellenter Presse-Fotografen.

Viele haben die Thüringer Allgemeine (TA) und die Thüringische Landeszeitung (TLZ) in ihren aktuellen Ausgaben zum Papst-Besuch gezeigt. Doch eine Reihe von Bildern zeigen wir in diesem Buch zum ersten Mal. Wir wünschen Ihnen Freude beim Schauen und eine lebendige Erinnerung an diese historische Reise des Papstes.

Paul-Josef Raue
Chefredakteur der Thüringer Allgemeinen (TA)

Was bleibt? Das ist in Verbindung mit dem Besuch von Papst Benedikt XVI. in Thüringen die wohl meist gestellte Frage.

Eine umfassende Antwort zu geben fällt noch immer schwer.

Ein Erlebnis, was mir von der Marienvesper in Etzelsbach besonders im Gedächtnis geblieben ist, will ich Ihnen, liebe Leserinnen und Leser, deshalb an dieser Stelle schildern: „Heute sehe ich den Altar einmal nicht im Spiegel." Die Frau, die mir das unmittelbar vor dem Beginn der Feierstunde gesagt hat, heißt Christel Kinzel. Sie gilt weithin als die gute Seele der Wallfahrtskapelle Etzelsbach und sieht den Altar in ihrer Heimatkirche in Steinbach – der Wallfahrtsort ist Teil dieser Pfarrgemeinde – fast immer von der Orgel aus. Also im Spiegel. Diesmal ist es nicht so gewesen und ihre Augen haben gestrahlt. Frau Kinzel konnte die Vesper mit dem Heiligen Vater, den sie sehr verehrt, einmal ohne ehrenamtlichen Auftrag genießen. Daran erinnere ich mich gut. Christel Kinzel steht für mich stellvertretend für die Begeisterung der über 90 000 Etzelsbach-Pilger, eine Begeisterung, die an diesem Tag von Etzelsbach aus in die Welt getragen worden ist.

Wir haben uns in der Woche nach dem Ereignis wieder getroffen. Frau Kinzel brachte Fotos vom Papstbesuch, die sie selbst aufgenommen hatte, in die Redaktion. Einige fanden sich später auf einer der zahlreichen TLZ-Pilgerseiten zum Papstbesuch wieder. Und während wir gemeinsam in der Redaktion ihre Fotos angesehen haben, strahlten ihre Augen. Ich sah wieder dieses Lächeln von Etzelsbach – und war ergriffen. Denn sofort kehrten die Bilder dieses Tages zurück: die Bilder der Freude. Auch das Bild der begeisterten Christel Kinzel, die in dem Marienwallfahrtsort Etzelsbach den Mittelpunkt ihres ehrenamtlichen Einsatzes für die Pfarrgemeinde sieht.

Was bleibt?

Der Besuch des Heiligen Vaters gilt für das Eichsfeld, dessen Menschen ihren katholischen Glauben trotz zweier Diktaturen bis in die Gegenwart getragen haben, als Jahrtausend-Ereignis. Er wirkt nachhaltig. Und jeder, der an diesem Tag die Begeisterung für die katholische Kirche und ihren Glauben gespürt hat, trägt dies im Herzen.

Es gibt so viele Bilder, die all das zum Ausdruck bringen. Für mich ist es das Bild der strahlenden Frau Kinzel in Etzelsbach. Für Sie, liebe Leserinnen und Leser, werden es andere Fotos sein. Und sicher werden Sie einige dieser Bilder und sich selbst hier wieder finden – denn dieser Bildband, der das gemeinsame Werk vieler Fotografen ist, gibt ein stückweit Antwort auf die Frage:

Was bleibt?

Fabian Klaus
Redaktionsleiter der
Thüringischen Landeszeitung (TLZ) im Eichsfeld

Thüringen – ein guter Gastgeber

Was bleibt vom Papstbesuch in Thüringen? Diese Frage stellen die Redaktionen von Thüringer Allgemeine (TA) und Thüringischer Landeszeitung (TLZ) in diesem Bildband. Profunde Antworten geben der katholische Bischof des Bistums Erfurt, Joachim Wanke, und die Präses der Synode der Evangelischen Kirche in Deutschland, Katrin Göring-Eckardt. Eine Vielzahl beeindruckender Bilder des hohen Gastes lässt zudem noch einmal diese zwei historischen Tage Revue passieren.

Was bleibt für Deutschland und Thüringen? Es lässt sich vieles anführen: Die Ökumene hat mit dem Besuch eines Papstes im Kernland der Reformation neue Impulse erfahren, das Christliche als kultureller und wertebildender Bestandteil unserer Gesellschaft ist wieder stärker in den Fokus gerückt worden. Und nicht zuletzt hat sich Thüringen mit all seiner kulturellen, historischen, wirtschaftlichen und landschaftlichen Vielfalt Papst Benedikt XVI. und der Welt als guter Gastgeber präsentiert. Mein Dank gilt den vielen Helferinnen und Helfern, die diesen Besuch erst möglich gemacht haben.

Christine Lieberknecht
Thüringer Ministerpräsidentin

Was vom Papstbesuch bleibt
Eine Rückschau auf bewegte Tage mit Papst Benedikt XVI.

Was bleibt, ist zunächst Dankbarkeit. Es war nicht selbstverständlich, dass Papst Benedikt auch die neuen Bundesländern besucht und im Bistum Erfurt an zwei Orten Station gemacht hat. Sein Besuch in Thüringen hat gezeigt, wie sehr er sich mit den Menschen hierzulande verbunden weiß.

Ich habe mich gefreut über die vielen, die sich, über alles Erwarten hinaus, zu den Gottesdiensten auf den Weg gemacht haben – trotz mancherlei Strapazen und ungewohnter Tageszeiten. Von vielen Seiten bin ich für unser gelungenes „Thüringer Papstprogramm" beglückwünscht worden. Der Papst hat Thüringen in der Welt bekannt gemacht.

Was von diesem Besuch bleiben wird, ist die Besinnung auf die Mitte des christlichen Glaubens, die Papst Benedikt in das Zentrum seiner Predigten gestellt hat. Der Papst hat die religiöse Sendung der Kirche betont. So hat er das getan, was seine ureigenste Aufgabe ist: von Gott zu sprechen und auf diese Weise das Vertrauen der Menschen in eine gute Zukunft zu stärken.

Mir war wichtig, dass der Papst die Standfestigkeit der Christen im Osten in der kommunistischen Zeit gewürdigt hat – und die Aufbauleistung aller Menschen in den neuen Bundesländern. Das hat uns im Osten gut getan. Aber in den Predigten war auch die Mahnung hörbar: Ihr habt dem Kommunismus widerstanden, nun macht etwas aus der Freiheit, die ihr euch errungen habt. Wer den Fall der Mauer erlebt hat, lässt sich nicht neu in Fesseln legen, mögen diese auch golden sein.

Die ökumenische Begegnung des Papstes mit evangelischen Kirchenvertretern konnte nur jene enttäuschen, die auf Erwartungen konkreter Vereinbarungen über zwischenkirchliche Streitpunkte fixiert waren. Dafür war Erfurt nicht der Ort. Ich habe immer vor solchen Erwartungen gewarnt. Der Papst redete in Erfurt vom Fundament ökumenischer Arbeit, nicht von einzelnen Arbeitsschritten, die anstehen. Wenn uns Gott entschwindet, gerät alle Ökumene in den Leerlauf. Dass der Papst dabei positiv an Luthers Frage nach dem gnädigen Gott anknüpfte – und das an diesem herausragenden Ort, an dem Luther Mönch war – , sollte gewürdigt werden. Das leidenschaftliche Fragen nach Gott ist das Lebenselexier jeder ernsthaften Suche nach Glaubenseinheit. Mir war es ein Anliegen, bei der Begrüßung des Papstes auf dem Erfurter Domplatz auf unsere grundsätzliche Glaubenssolidarität mit den evangelischen Mitchristen in Thüringen hinzuweisen.

Interessant war die Papstrede im Bundestag, die sich an alle Menschen guten Willens richtete. Was an Gott Glaubende und Nichtreligiöse verbindet ist die Überzeugung, dass uns die Vernunft helfen kann, eine auf Recht und Wahrheit gegründete Gesellschaft zu gestalten. Viele waren überrascht, dass der Papst auf die ökologische Bewegung positiv Bezug nahm. Erst auf den zweiten Blick war freilich die „Hinterlist" des Papstes erkennbar: seine Erwartung, nun auch ökologisches Denken auf den Menschen auszuweiten. Wer sachgerecht und nachhaltig mit der Natur umgehen will, sollte das auch mit dem menschlichen Leben tun, etwa auch dem ungeborenen Leben. Was den Menschen zum Menschen macht, ist seine Unverfügbarkeit für fremde Interessen. Wer den Menschen anfängt zu „vermarkten", zu welchem Zweck auch immer, zerstört die Würde des Menschen an der Wurzel. Auch diese Botschaft wird ihre Nachwirkung entfalten.

Dr. Joachim Wanke
Bischof von Erfurt

Auf dem Weg der Ökumene
Im Gespräch mit unserem Bruder Papst Benedikt

Auf Einladung der Evangelischen Kirche in Deutschland hat Papst Benedikt XVI. im Rahmen seines Deutschlandbesuchs am 23. September 2011 auch das evangelische Augustinerkloster in Erfurt besucht. Seine Delegation und er haben sich dort mit Vertreterinnen und Vertretern der evangelischen Kirche getroffen und anschließend einen ökumenischen Gottesdienst gefeiert. Vor einigen Jahren wäre es noch undenkbar gewesen, dass ein römisch-katholischer Papst den geistigen Ursprungsort der Reformation besucht – Martin Luther hätte sich vermutlich die Augen gerieben und vielleicht gelächelt.

Der Papst ist der Einladung der Evangelischen gefolgt, er hat sich im Gespräch im Kapitelsaal auch „für das Geschenk [bedankt...], dass wir hier, an diesem historischen Ort miteinander als Christen sprechen dürfen". In seiner Rede hat er den gesamten Weg Martin Luthers sowohl als katholischer Mönch als auch als protestantischer Reformator gewürdigt. Im anschließenden ökumenischen Gottesdienst hat der Papst dann über Martin Luther kein Wort mehr verloren. Das ist schade. Vielmehr hat er davon gesprochen, es sei ein Missverständnis, von ihm zu erwarten, dass er ein „ökumenisches Gastgeschenk" mitbringen würde – denn über den Glauben könne man nicht verhandeln. Diese Unterstellung hat bei vielen Menschen, die mit ganzem Herzen um ein größeres ökumenisches Miteinander ringen, Enttäuschung hervorgerufen. So war in den Medien im Anschluss an die Begegnung auch von ökumenischem Rückschritt die Rede. Und tatsächlich habe ich in vielen Briefen und E-Mails, die ich in den Tagen nach dem Besuch erhalten habe, von Enttäuschung und Ungeduld gelesen, zuallermeist aber von Seiten römisch-katholischer Geschwister, die die ökumenische Enge und Unfreiheit innerhalb ihrer Kirche beklagt und mehr von ihrem Kirchenoberhaupt erwartet haben. Zugleich war von der Dankbarkeit für die Worte auf evangelischer Seite zu lesen, die die Hoffnung auf die Einheit wach halten.

Wir als Evangelische sind sehr gerne Gastgeber/innen im Augustinerkloster gewesen! Der Papst ist unserer Einladung gefolgt und hat damit gleichsam den Gegenbesuch in Erfurt angetreten – 500 Jahre nach Luthers Besuch 1511 in Rom. Als Gastgeber haben wir kein Gastgeschenk erwartet, allerdings durchaus auch Wertschätzung gespürt, die mit diesem Besuch verbunden war. Für uns zählt allein die Schrift, allein der Glaube, allein die Gnade und nicht zuletzt allein Christus.

Wir haben als Kirchen ein Fundament: das Wort Gottes, und wir haben einen gemeinsamen Grund, die Heilige Taufe. Und so werden wir zum richtigen Zeitpunkt auch gemeinsam und füreinander den Tisch decken, an den ER uns einlädt, von dem wir gemeinsam essen und trinken, was Jesus an seinem letzten Abend teilte. Nicht, weil wir es müssen, sondern weil wir es können und weil wir es wollen. Jede und jeder ist dazu bereits jetzt in der evangelischen Kirche eingeladen, niemand soll aufgrund seiner Konfession oder ihrer Lebenssituation ausgeschlossen sein. Denn Jesus Christus selbst lädt dazu ein, nicht Kirche, Pfarrerin, Papst oder wer auch immer. Unser Bruder Papst Benedikt weiß um diese evangelische Sicht und hat im Augustinerkloster in Erfurt Station gemacht auf dem Weg, den Gott uns allen schenkt. Auch die Ökumene ist zuallererst Gottes Geschenk an uns.

Ich verstehe die Enttäuschung gerade vieler römisch-Katholischer, weil das von vielen so ersehnte Wort des Papstes zu den drängenden Fragen ausgeblieben ist. Trotzdem bin ich froh über diesen historischen Besuch – wenn auch nicht zufrieden: denn zufrieden sein hieße, nichts mehr zu erwarten.

Erzbischof Zollitsch hat nach dem Besuch von Benedikt XVI. davon gesprochen, dass der Papst der römisch-katholischen Kirche in Deutschland den Schlüssel zur weiteren Gestaltung der Ökumene in die Hand gelegt habe, gerade mit Blick auf das Reformationsjubiläum 2017. Wir freuen uns auf die weiteren Schritte auf dem Weg der Ökumene mit unseren katholischen Schwestern und Brüdern. Dabei werden wir deutlich benennen, wie wir gemeinsam sein wollen und wo wir verschieden bleiben können. Wir gehen auf den nächsten ökumenischen Kirchentag und auf das Reformationsjubiläum 2017 zu – geduldig, nicht bedrängend; liebevoll, nicht bevormundend; das Mögliche erwartend, ohne zu überfordern. Unsere römisch-katholischen Geschwister laden wir gerne dazu ein, mit uns Reformation als Erneuerung der einen Kirche Jesu Christi zu feiern!

Katrin Göring-Eckardt
Präses der Synode der Evangelischen Kirche in Deutschland

1 WILLKOMMEN

Herzlich willkommen in Thüringen: Am Freitag, 23. September, erreicht um 11.45 Uhr der Heilige Vater den Flughafen Erfurt-Weimar...

erfurt
imar
UGHAFEN

… und wird von Ministerpräsidentin Christine Lieberknecht (CDU) und ihrem Mann Martin begrüßt. Rebekka und Adrian (beide 5) vom katholischen Kindergarten in Erfurt sind zum Empfang mit einem Blumenstrauß erschienen. Bischof Joachim Wanke gehört zu den ersten, die Papst Benedikt XVI. die Hand schütteln dürfen.

Winken mit der Flagge des Vatikan: Einige Familien haben das Glück, den Papst direkt am Roten Teppich zu sehen.

Grüß Gott: Der Heilige Vater wendet sich freundlich den Wartenden zu.
Sie hatten bereits seit Stunden am Flughafen ausgeharrt.

2 IM DOM

Innehalten am Grab von Bischof Hugo Aufderbeck (* 23. März 1909 in Hellefeld; † 17. Januar 1981 in Erfurt): Der römisch-katholische Theologe und Apostolische Administrator im Bischöflichen Amt Erfurt-Meiningen war Vorgänger von Bischof Joachim Wanke. Gemeinsam sprechen Bischof und Papst unter freiem Himmel ein kurzes Gebet.

Unterwegs auf dem Domberg: Der Papst im Kreuzgang – und beim Gruß von den Domstufen zu den Menschen, die auf den Segen des Heiligen Vaters warten.

Eintragung ins Goldene Buch unter den Augen von Bischof Joachim Wanke, Ministerpräsidentin Christine Lieberknecht (CDU) und Erfurts Oberbürgermeister Andreas Bausewein (SPD): Am rosengeschmückten Tisch signiert der Heilige Vater die Bücher von Stadt und Land. Ganz rechts im Bild: Priester Georg Gänswein, Privatsekretär von Papst Benedikt XVI.

Geistige Einkehr: Vor dem Altar im Erfurter Mariendom kniet Papst Benedikt XVI. und betet still gemeinsam mit Bischof Joachim Wanke. Danach folgt die ökumenische Begegnung im Augustinerkloster.

3 ÖKUMENE

Gemeinsamer Segen: EKD-Ratsvorsitzender Nikolaus Schneider spendet mit dem Papst den Segen im Augustinerkloster.

Hier hat Martin Luther als Mönch gepredigt: Blick in die Augustinerkirche. Mit dabei sind u.a. Bundespräsident Christian Wulff, Bundeskanzlerin Angela Merkel und die ehemalige EKD-Ratsvorsitzende Margot Käßmann.

Eine symbolkräftige Umarmung unter Glaubensbrüdern
in der Kirche des Augustinerklosters.

Er hört genau hin: Katrin Göring-Eckardt, die Präses der Evangelischen Kirche, hat das Wort. Sie begegnete dem Papst bereits am Vortag bei seiner Rede im Bundestag, wo die Bündnis-Grüne aus Thüringen Vize-Präsidentin ist.

Ökumene live: Mädchen und Jungen aus der katholischen Edith-Stein-Schule
und dem evangelischen Ratsgymnasium in Erfurt begegnen dem Papst.

4 VESPER

„Nun geht mein Wunsch in Erfüllung, das Eichsfeld zu besuchen und hier in Etzelsbach mit euch zusammen Maria zu danken."

Pilger unterwegs: Über die Autobahn und die zahlreichen extra angelegten Pilgerwege durch Feld und Flur erreichen 92 000 Pilger aus der ganzen Welt die Wallfahrtskirche Etzelsbach. Männer und Frauen aus Bodenrode schwenken zur Einstimmung ein großes Transparent, die Generaloberin des Ordens „Schwester der heiligen Maria Magdalene Postel“, Schwester Aloisia Höing aus Heiligenstadt, winkt mit einem Papsttuch.

Bodenrode/Westhausen
grüßt Papst Benedikt XVI.
digitalprint

Der frühe Freitag: Schon in den Morgenstunden sind die ersten Gläubigen auf dem Pilgerfeld vor der Wallfahrtskirche und der eigens erbauten Altarbühne.

Durch Feld und Flur: Menschen aller Nationen sind unterwegs zum Papst. Mit dabei sind die Ministranten aus dem Eichsfeld.

Begegnung im Eichsfeld, der einstigen Grenzregion:
Die Pilger aus Beuren halten das anrührende Motiv fest.

Beuren

Die erste Reihe: Kirchliche und politische Würdenträger sind ins Eichsfeld gekommen, um gemeinsam mit 92 000 Pilgern und dem Heiligen Vater der Mutter Gottes zu danken.

In der Abendsonne leuchtet das güldene Gewand des Ecklingeröder Pfarrers Bernhard Streicher. Er hat dies für den Besuch im Eichsfeld dem Papst extra zur Verfügung gestellt.

Auf dem Weg zum Altar: Das Bauwerk ist innerhalb weniger Tag entstanden.
Die Kuhweide des Steinbacher Landwirts Frank Schneider wird zum Pilgerfeld.

Segen mit der Monstranz für die 92 000 Pilger nach einer bewegenden Vesperfeier in der Abendsonne. (Den Wortlaut der Papstpredigt finden Sie auf den Seiten 120 - 122 dieses Buches.)

Zeichen des Glaubens: Holzkreuze führen die Pilgergruppen auf ihrem Weg voran.

Raum für Gefühle: Unter den 92 000 Pilgern sind auch viele junge Menschen.

Prägendes Erlebnis: Die Begegnung mit dem Papst in der Gemeinschaft der Gläubigen gibt Kraft für den weiteren Lebensweg.

5 HEILIGE MESSE

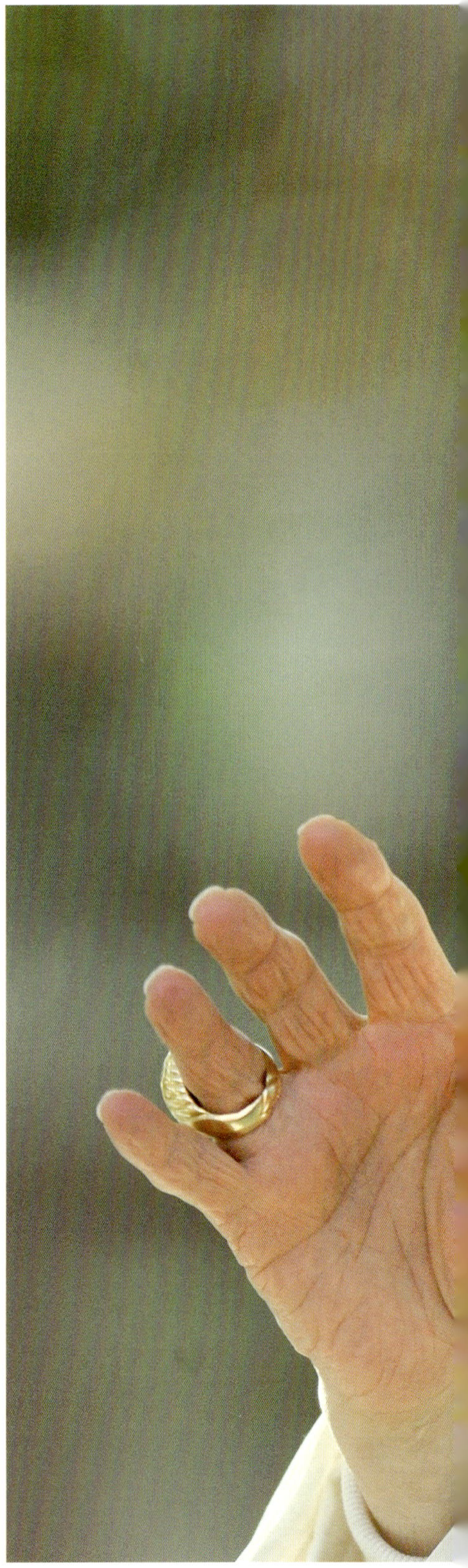

Ein Lächeln und ein Gruß für die Gläubigen: Ehe die Heilige Messe auf dem Domplatz beginnt, durchquert Benedikt XVI. im Papamobil die wartende Menschenmenge.

Warmes Lächeln gegen die Morgenkühle: Decken und heißer Tee bewahren die wartenden Pilger vor der Kälte.

Als Pilger unterwegs: Anne Heckert, Geburtstagskind Joris Christ, Tina Otto und Regina Keune warten auf dem Domplatz in Erfurt, dass der Papstgottesdienst beginnt.

Viele Gemeinden bringen ihre eigenen Fahnen mit zum Gottesdienst
auf den Domplatz.

Ein Gruß den Wartenden: Benedikt XVI. auf dem Weg zur Heiligen Messe
vor der imposanten Kulisse von Dom und St. Severi.

Dieser Priester teilt umgehend seine Freude über den ersten Besuch eines Papstes in Thüringen.

Gut beschützt fährt Papst Benedikt XVI. mit offenen Fenstern im Papamobil über den Domplatz.

Evangelische Christen in der ersten Reihe: Ministerpräsidentin Christine Lieberknecht und ihr Mann Martin.

Internationale Gäste: Nonnen aus Ungarn haben den weiten Weg nach Erfurt nicht gescheut und Marien-Ikonen mitgebracht.

Auf dem Weg zum Altar: Gleich feiert Benedikt XVI. mit 32 000 Gläubigen eine Heilige Messe.

Weihrauch fehlt nicht: Der Pontifex segnet den Altar.

Vorbereitung auf den Gottesdienst: Der Papst betet am Altar.

Freude und Besinnung: Die Begegnung mit dem Papst in Erfurt drückt sich in zahlreichen emotionalen Momenten aus.

Im Gebet vertieft: Die Menschen kommen nicht nur, um den Papst zu sehen und mit ihm zu beten, sondern bringen ihre eigenen Anliegen Gott dar.

Latein als Weltsprache der Gläubigen spielt in der Eucharistiefeier eine zentrale Rolle.

Ein Blinder liest: Gotthardt Nodewald aus Heiligenstadt, von Geburt an ohne Augenlicht, hat den Text der Lesung in Blindenschrift übertragen. Seit vielen Jahren ist er in seiner Pfarrgemeinde Lektor.

Mundkommunion vom Papst: Engagierte Gläubige aus den Pfarrgemeinden des Bistums dürfen Benedikt XVI. ganz nahe sein.

Nach Stunden der Kühle endlich Morgensonne:
Priester und Ministranten freuen sich über die Wärme.

Der Leib Christi: Während der Papst die Mundkommunion austeilt …

... gibt es unter dem Regenbogenschirm auf dem großen Pilgerfeld die Handkommunion.

Fröhlicher Abschiedsgruß: Mit ihren roten Sitzkissen winken die Ministranten dem Heiligen Vater zu...

... und stecken sie sich anschließend als beliebtes Souvenir an den Wanderstock.

Dem Inneren des Domes nachempfunden ist die Altarbühne, auf der das Kreuz und die Marienfigur aus dem Eichsfeld dominieren.

MIT DEM
HIMMEL
BESCHENKT

6 HELFER

Ausdrucksstark: Gehörlose sind nah am Altar auf dem Erfurter Domplatz und eine Gebärdendolmetscherin übersetzt das Geschehen.

Üben für den großen Tag: Der rote Teppich ist bei der Probe am Flughafen Erfurt-Weimar noch einige Meter zu kurz. Aber tags darauf klappt alles.

Damit jeder Pilger seine Unterlagen hat, schicken fleißige Helfer die Päckchen
mit den Eintrittskarten in alle Welt.

An der Orgel: Domorganist Silvius von Kessel begleitet die Heilige Messe.
Sein Spiel wird nach außen übertragen.

Sportliche Unterstützer finden die Organisatoren des Besuches auch bei den Erfurter Vereinen. Hier Mitglieder des FC Rot-Weiß Erfurt.

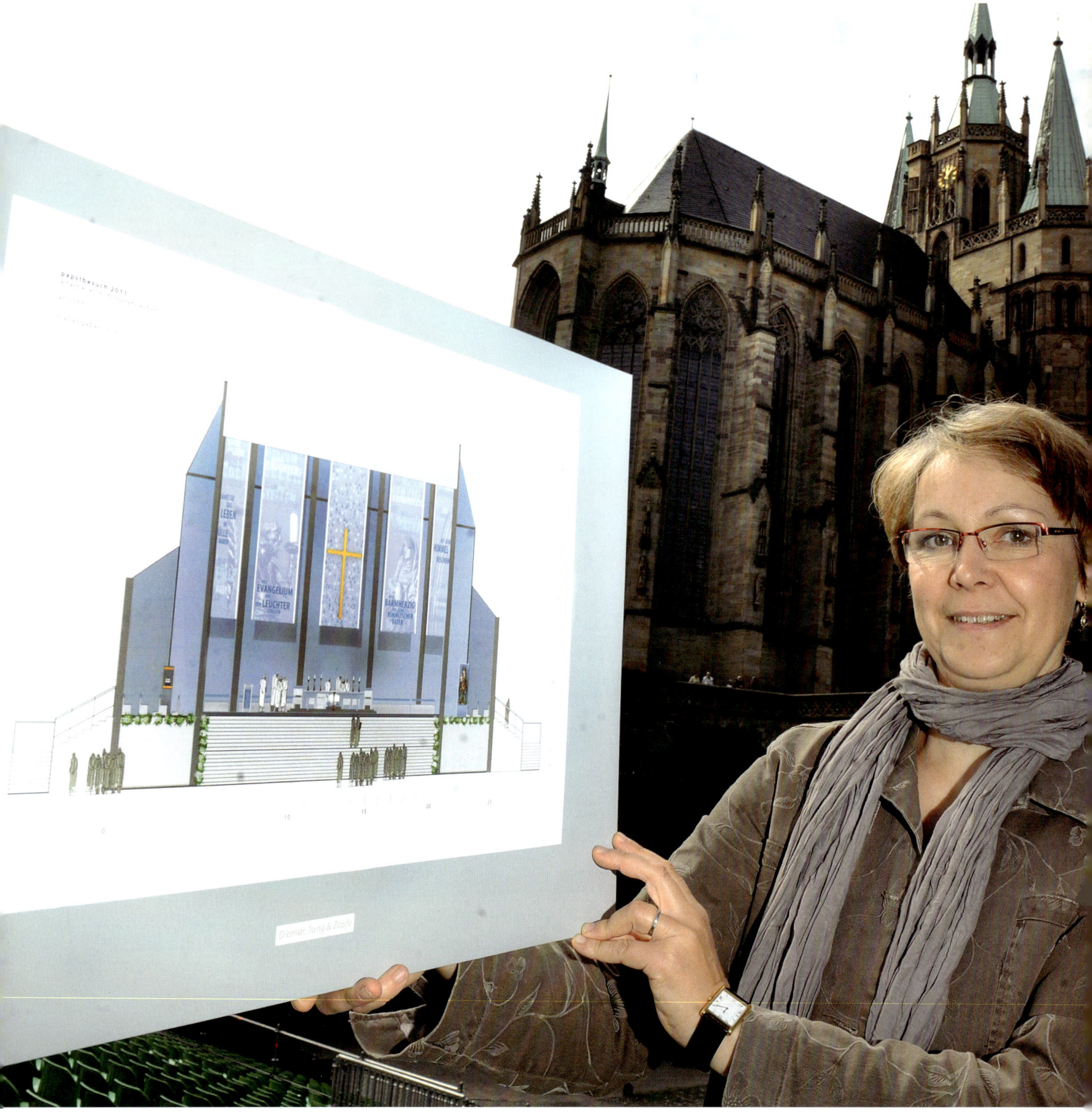

Schöpferin der Altarbühnen: Von Evelyn Körber aus Hohenfelden stammen die Altarbühnen in Etzelsbach und Erfurt.

Viele fleißige Hände: Bis zu 200 Arbeiter sind mit dem Aufbau der Altar- und der Nebenbühne in Erfurt beschäftigt.

Wie ein Scherenschnitt präsentieren sich Dom und St. Severi im Sonnenuntergang.

Er baut den Sessel für den Papst: Carlo Kirst von der Erfurter Firma „Konzept-los“.

Ein guter Gastgeber ist das Theater Erfurt: Tausende Journalisten finden im Foyer Arbeitsplätze, um von der ökumenischen Begegnung und vom Gottesdienst zu berichten.

Die Helden im Hintergrund: Peter Kittel hat den Überblick und begeistert Nonnen ebenso wie die Polizei, um bei den letzten Vorbereitungen für das große Glaubensfest Hand anzulegen.
Die Beamten sind zu Fuß, im Streifenwagen und zu Pferde im Dienste der Sicherheit unterwegs.

Der Altar wird vollendet: Das Kreuz hängt an dünnen Seilen und scheint später über dem Altar zu schweben.

7 DRUMHERUM

Schwarz-Rot mal ganz anders: Die roten Schuhe des Papstes und die schwarzen von Ministerpräsidentin Christine Lieberknecht.

So nah waren sich der Vatikan und Thüringen noch nie. Bei seinem Deutschlandbesuch hält sich der Papst am längsten im Bistum Erfurt auf und feiert neben der Marienvesper bei strahlend blauem Himmel noch eine Heilige Messe

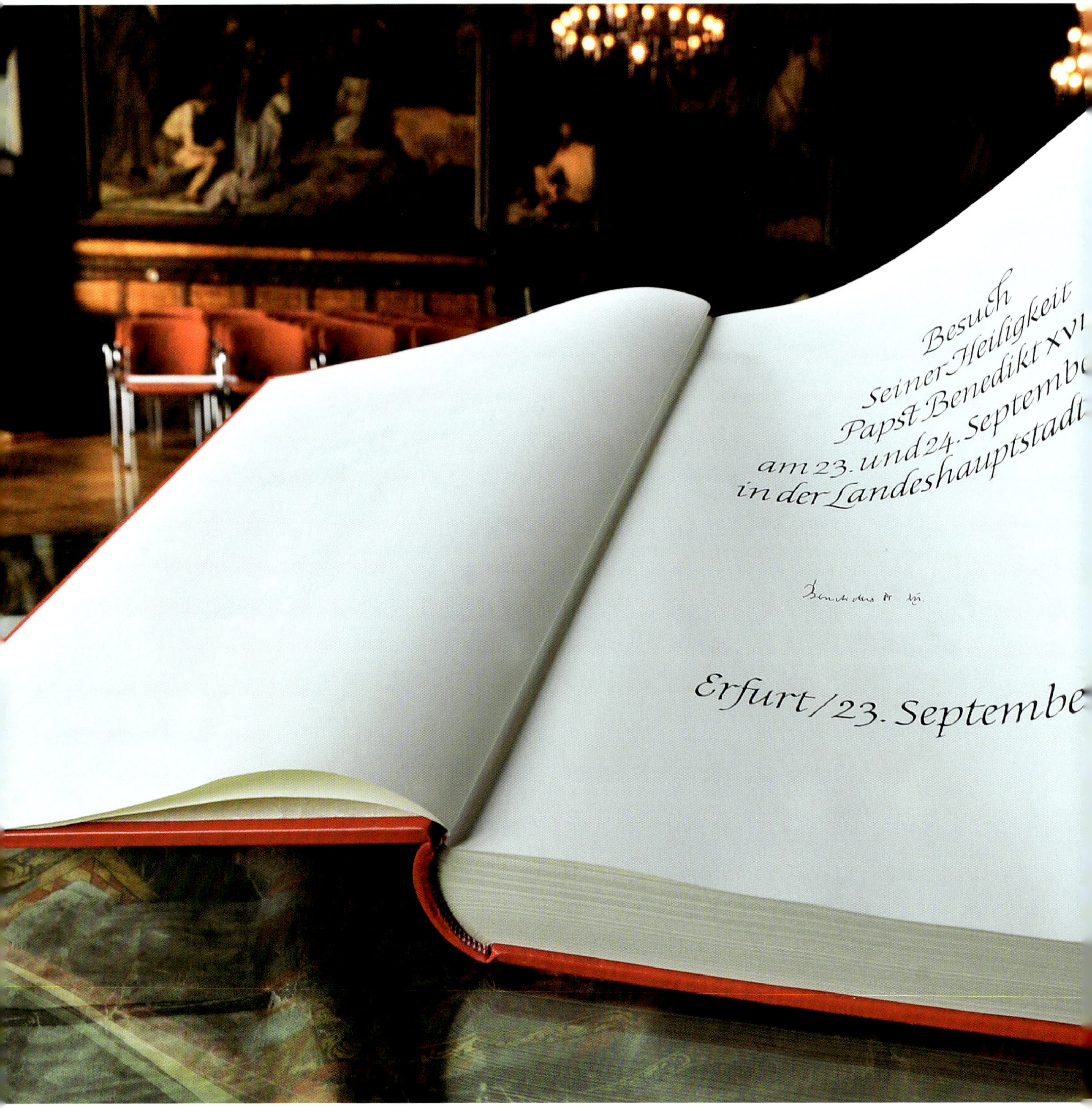

Ein neues Goldenes Buch beginnt die Stadt Erfurt für den hohen Gast, der kurz und knapp mit „Benedikt XVI." seine Erfurt-Visite auf der ersten Seite vermerkt. Das Bild rechts zeigt das Papstwappen.

Die Sicherheit spielt eine ganz große Rolle: Hubschrauber überwachen die Papstvisite aus der Luft.
SCV 1 – das Kennzeichen des Papamobils. Die Buchstaben stehen für Stato della Città del Vaticano.

S.C.V. 1

Durch die engen Gassen der Erfurter Altstadt: Mit Polizei-Motorrad-Eskorte und einem Spalier von Polizeibeamten geht es in den gepanzerten Staatskarossen zu Dom, Augustinerkloster und Priesterseminar.

Das Pferd im Wappen – und hoch zu Ross unterwegs: Die Reiterstaffel aus Niedersachsen begleitet die Pilger in Etzelsbach.

Eben noch auf dem Domplatz, und schon im Internet: Erinnerungsvideos der bewegenden Momente finden rasch ihren Weg ins World Wide Web.

Traumauto? Ein Erinnerungsfoto vom Papamobil muss vorerst reichen.

Wer sich kein eigenes Bild gemacht hat, verpasst etwas:
Die besten Fotos aber gibt es hier im Buch...

PAPSTBESUCH
2011 | ERFURT
+ EICHSFELD
PAPSTBESUCH
2011 | ERFURT

Twitter oder Facebook? Das ist hier die Frage: Beim schnellen Transport der Informationen aus dem Augustinerkloster wird hier ein orthodoxer Geistlicher beobachtet.

Es muss ja nicht immer Weihrauch sein: Rosemarie Sturm hat für ihr Geschäft in der Erfurter Kettenstraße ein Papst-Räuchermännchen im sächsischen Seiffen anfertigen lassen.

Lust auf Thüringen: Prost Papst! Mit Benedictus-Bier wirbt Eva Schiecke. 200 Hektoliter wurden eigens in der Brauerei Neunspringe in Worbis im Eichsfeld gebraut.

I love Benedikt: Diese T-Shirts zählen zu den beliebtesten Souvenirs bei den Pilgern in Erfurt.

Ute Banse aus dem Kirchenladen am Dom hat alle Souvenirs im Sortiment – vom Kalender über Poster bis hin zum Radiergummi „Ratzefummel".

Ob deftige Ratzifatzi-Suppe oder „Letzter Eisgenuss vor dem Papst" – die Erfurter und Eichsfelder Händler sind für den Pilgeransturm vom Hauptgericht bis zur Nachspeise gewappnet.

Die Moldau
Franz Marc
Bibel
JESUS
Das Wetter
Das große Elmar-Buch
Der Berg und das Vögelchen
Pippi

lecker
Softeis
Letzter
"Eisgenuss
vor dem
Papst"

RATZEFUMMEL

BENEDIKT XVI
Erfurt

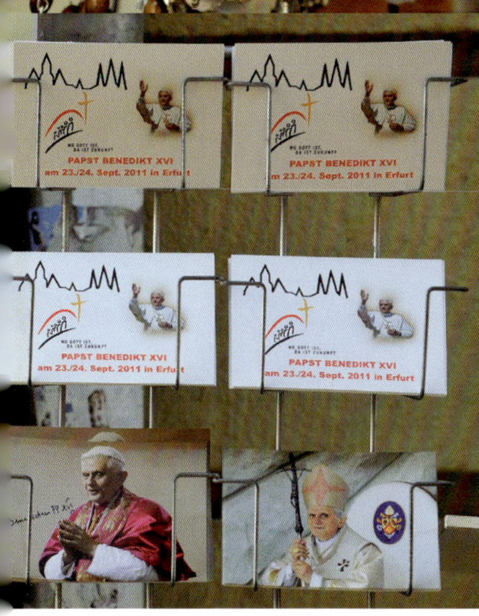
PAPST BENEDIKT XVI
am 23./24. Sept. 2011 in Erfurt
PAPST BENEDIKT XVI
am 23./24. Sept. 2011 in Erfurt

deftige
Ratzifatzi-
Suppe

Predigt Benedikt XVI. während der Marienvesper in Etzelsbach im Eichsfeld am 23. September 2011

Liebe Brüder und Schwestern!

Nun geht mein Wunsch in Erfüllung, das Eichsfeld zu besuchen und hier in Etzelsbach mit euch zusammen Maria zu danken. „Hier im trauten stillen Tal" – wie es in einem Wallfahrtslied heißt – und „unter den alten Linden" schenkt uns Maria Geborgenheit und neue Kraft.

In zwei gottlosen Diktaturen, die es darauf anlegten, den Menschen ihren angestammten Glauben zu nehmen, waren sich die Eichsfelder gewiss, hier am Gnadenort Etzelsbach eine offene Tür und eine Stätte inneren Friedens zu finden. Die besondere Freundschaft zu Maria, die daraus gewachsen ist, wollen wir – auch mit der heutigen Marienvesper – weiter pflegen.

Wenn sich Christen zu allen Zeiten und an allen Orten an Maria wenden, dann lassen sie sich dabei von der spontanen Gewissheit leiten, dass Jesus seiner Mutter ihre Bitten nicht abschlagen kann; und sie stützen sich auf das unerschütterliche Vertrauen, dass Maria zugleich auch unsere Mutter ist – eine Mutter, die das größte aller Leiden erfahren hat, alle unsere Nöte mitempfindet und mütterlich auf ihre Überwindung sinnt.

Wie viele Menschen sind Jahrhunderte hindurch zu Maria gepilgert, um vor dem Bild der Schmerzensreichen – wie hier in Etzelsbach – Trost und Stärkung zu finden!

Schauen wir ihr Bildnis an: Eine Frau mittleren Alters mit schweren Augenlidern vom vielen Weinen, den Blick zugleich versonnen in die Ferne gerichtet, als bewegte sie alles, was geschehen war, in ihrem Herzen.

Auf ihrem Schoß liegt der Leichnam ihres Sohnes, sie fasst ihn behutsam und liebevoll, wie eine kostbare Gabe. Wir sehen die Spuren der Kreuzigung auf seinem entblößten Leib. Der linke Arm des Toten weist senkrecht nach unten. Vielleicht war die Skulptur der Pietà – wie oft üblich – ursprünglich über einem Altar aufgestellt. Der

Gekreuzigte weist so mit seinem ausgestreckten Arm auf das Geschehen auf dem Altar hin, wo das heilige Opfer, das er vollbracht hat, in der Eucharistie zur Gegenwart wird.

Eine Besonderheit des Gnadenbilds von Etzelsbach ist die Lage des Gekreuzigten. Bei den meisten Pietà-Darstellungen liegt der tote Jesus mit dem Kopf nach links. Der Betrachter kann so die Seitenwunde des Gekreuzigten sehen. Hier in Etzelsbach jedoch ist die Seitenwunde verdeckt, weil der Leichnam gerade nach der anderen Seite ausgerichtet ist.

Mir scheint, dass sich in dieser Darstellung eine tiefe Bedeutung verbirgt, die sich erst in ruhiger Betrachtung erschließt: Im Etzelsbacher Gnadenbild sind die Herzen Jesu und seiner Mutter einander zugewandt; sie kommen einander nahe. Sie tauschen einander ihre Liebe aus. Wir wissen, dass das Herz auch das Organ der feinsten Sensibilität für den anderen wie auch des innigsten Mitgefühls ist. Im Herzen Marias ist Platz für die Liebe, die ihr göttlicher Sohn der Welt schenken will.

Die Marienverehrung konzentriert sich auf die Betrachtung der Beziehung zwischen der Mutter und ihrem göttlichen Sohn. Die Gläubigen fanden immer wieder neue Aspekte und Attribute, die uns dieses Geheimnis besser erschließen könnten, z.B. im Bild des Unbefleckten Herzens Marias als Symbol der tiefen und vorbehaltlosen Einheit der Liebe mit Christus.

Nicht die Selbstverwirklichung schafft wahre Entfaltung des Menschen, wie es heute als Leitbild des modernen Lebens propagiert wird, das leicht in einen verfeinerten Egoismus umschlagen kann. Vielmehr ist es die Haltung der Hingabe, die auf das Herz Marias und damit auch auf das Herz des Erlösers ausgerichtet ist.

„Wir wissen, dass Gott bei denen, die ihn lieben, alles zum Guten führt, bei denen, die nach seinem ewigen Plan berufen sind" (Röm 8,28), so haben wir eben in der Lesung gehört. Gott hat bei Maria alles zum Guten geführt – und er hört nicht auf, durch Maria das Gute sich weiter ausbreiten zu lassen in der Welt.

Vom Kreuz herab, vom Thron der Gnade und der Erlösung, hat Jesus seine Mutter Maria den Menschen zur Mutter gegeben. Im Moment seiner Aufopferung für die Menschheit macht er Maria gleichsam zur Vermittlerin des Gnadenstroms, der vom Kreuz ausgeht.

Unter dem Kreuz wird Maria zur Gefährtin und Beschützerin der Menschen auf ihrem Lebensweg. „In ihrer mütterlichen Liebe trägt sie Sorge für die Brüder und Schwestern ihres Sohnes, die noch auf der Pilgerschaft sind und in Gefahren und Bedrängnissen weilen, bis sie zur ewigen Heimat gelangen" (Lumen Gentium, 62). Ja, wir gehen durch Höhen und Tiefen, aber Maria tritt für uns bei ihrem Sohn ein und vermittelt uns die Kraft der göttlichen Liebe.

Unser Vertrauen auf die wirksame Fürsprache der Gottesmutter und unsere Dankbarkeit für die immer wieder erfahrene Hilfe tragen in sich selbst gleichsam den Impuls, über die Bedürfnisse des Augenblicks hinauszudenken. Was will Maria uns eigentlich sagen, wenn sie uns aus der Not errettet?

Maria will uns helfen, die Weite und Tiefe unserer christlichen Berufung zu erfassen. Sie will uns in mütterlicher Behutsamkeit verstehen lassen, dass unser ganzes Leben Antwort sein soll auf die erbarmungsreiche Liebe unseres Gottes.

Begreife – so scheint sie uns zu sagen –, dass Gott, der die Quelle alles Guten ist und der nie etwas anderes will als dein wahres Glück, das Recht hat, von dir ein Leben zu fordern, das sich rückhaltlos und freudig seinem Willen überantwortet und danach trachtet, dass auch die anderen ein Gleiches tun.

„Wo Gott ist, da ist Zukunft" – in der Tat: Wo wir Gottes Liebe ganz über unser Leben wirken lassen, dort ist der Himmel offen. Dort ist es möglich, die Gegenwart so zu gestalten, dass sie mehr und mehr der Frohbotschaft unseres Herrn Jesus Christus entspricht. Dort haben die kleinen Dinge des Alltags ihren Sinn – und dort finden die großen Probleme ihre Lösung. Amen.

Der Papst in Thüringen – eine Chronik

Freitag, 23. September 2011

10.00 Uhr	Flug vom internationalen Flughafen Berlin-Tegel nach Erfurt
10.45 Uhr	Ankunft am Flughafen Erfurt-Weimar, Begegnung mit der Ministerpräsidentin von Thüringen
11.15 Uhr	Besuch des Doms zu Sankt Marien zu Erfurt
11.30 Uhr	Begegnung mit Professoren der Theologischen Fakultät im Kreuzgang und Eintragung in die Goldenen Bücher des Landes und der Stadt
11.45 Uhr	Begegnung mit Vertretern des Rates der Evangelischen Kirche Deutschlands im Kapitelsaal des Augustinerklosters zu Erfurt · Ansprache des Papstes
12.20 Uhr	Ökumenischer Wortgottesdienst in der Kirche des Augustinerkonventes Predigt des Papstes
13.20 Uhr	Mittagessen mit dem päpstlichen Gefolge im Priesterseminar
16.45 Uhr	Hubschrauber-Abflug vom Flughafen Erfurt-Weimar nach Etzelsbach im Eichsfeld
17.30 Uhr	Ankunft in Etzelsbach
17.45 Uhr	Marianische Vesper bei der Wallfahrtskapelle von Etzelsbach Ansprache des Papstes
19.00 Uhr	Abflug im Hubschrauber von Etzelsbach nach Erfurt
19.40 Uhr	Ankunft am Flughafen Erfurt-Weimar
20. 00 Uhr	Abendessen mit dem päpstlichen Gefolge im Priesterseminar
21.00 Uhr	Treffen mit Opfern sexuellen Missbrauchs im Priesterseminar

Samstag, 24. September 2011

8.30 Uhr	Eintreffen von Papst Benedikt XVI. auf dem Domplatz
9.00 Uhr	Heilige Messe auf dem Erfurter Domplatz
10.55 Uhr	Der Papst rollt mit dem Papamobil über den Domplatz zum Domberg
11.50 Uhr	Abflug vom Flughafen Erfurt-Weimar nach Lahr (Baden-Württemberg)

Die Fotografen von Thüringer Allgemeine (TA) und Thüringische Landeszeitung (TLZ)

Die Menschen hinter der Linse (von oben nach unten, jeweils von links nach rechts):
Eckard Jüngel (TA), Marco Kneise (TA), Monika Köckritz (TLZ), Roland Obst (TA), Reiner Schmalzl (TA)
Daniel Volkmann (TA), Thomas Müller (TA), Marco Schmidt (TA), Jürgen Backhaus (TLZ), Elmar Otto (TLZ)
Fabian Klaus (TLZ), Frank Karmeyer (TLZ), Hartmut Schwarz (TLZ), Dirk Bernkopf (TA), Otto Roth (TLZ)
Alexander Volkmann (TA), Lydia Werner (TLZ), Nicole Richter (TLZ), Peter Michaelis (TLZ), Sascha Fromm (TA)

Keiner
soll